ERSTLESER

Vulkane

Ravensburger

Konzept und Text: Sandra Noa
Illustration: Peter Friedl

Fachliche Beratung: Apl. Prof. Dr. Thomas R. Walter,
Deutsches GeoForschungsZentrum (GFZ), Potsdam

Layout: Katrin Kleinschrot und Marion Köster
Satz: Katrin Kleinschrot

5 7 8 6 4

Postfach 2460 • D-88194 Ravensburg

Printed in Germany

ISBN 978-3-473-60001-4

www.ravensburger.de
www.wiesoweshalbwarum.com

MIX
Papier | Fördert gute Waldnutzung
FSC® C111262

Inhalt

Was ist ein Vulkan? **6**

Leserätsel 18

Wo gibt es ganz besondere Vulkane? **20**

Leserätsel 30

Island zum Stickern 32

Wie leben Menschen mit Vulkanen? **34**

Leserätsel 44

Welche Vulkane stellen Rekorde auf? **46**

Leserätsel 56

Lesequiz 58

Lösungen 60

Leselotto 65

Was ist ein Vulkan?

Ein Vulkan ist eine Öffnung
in der Erdoberfläche,
aus der glühende Lava
und Asche austreten.
Bei einem Ausbruch brodelt es
in seinem Inneren.
Es knallt bedrohlich.
Flüssige Lava fließt
die Hänge hinab.
Große Brocken fliegen
durch die Luft.
Sie werden Bomben genannt.

Wie gefährlich ist ein Vulkan?

Meist wirkt ein Vulkan
wie ein harmloser Berg.
Wenn er aber ausbricht,
kann er für Menschen
gefährlich werden.
Zu den Gefahren gehören
herabstürzende Bomben,
Lava, Asche und giftige Gase.
Bricht eine Vulkaninsel aus,
können sogar
Tsunamis entstehen.
Das sind riesige Wellen
im Meer.

Einige Menschen
leben in der Nähe
eines Vulkans.
Für sie sind die Gase
des Vulkans
nichts Besonderes.

Wieso gibt es Vulkane?

Die Erde hat mehrere Schichten.
Ganz innen ist der **Erdkern**.
Er besteht aus sehr schwerem Metall.
Dort ist es extrem heiß:
bis zu 6700 Grad Celsius!

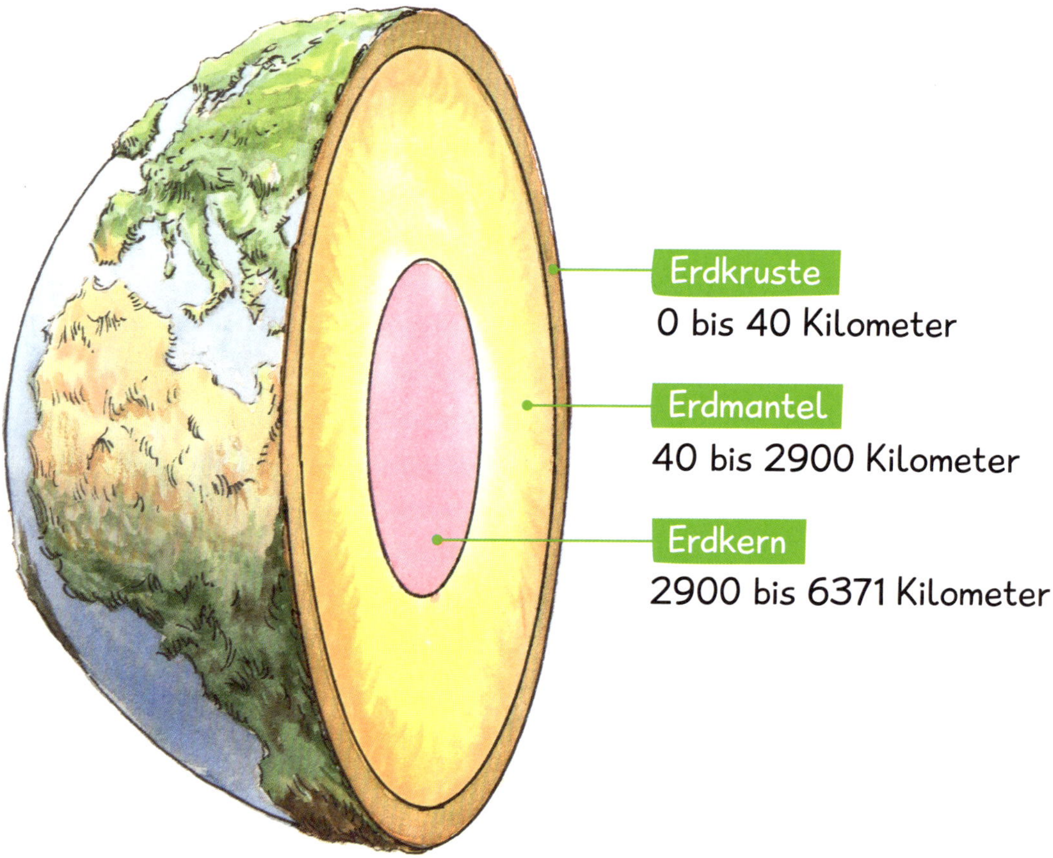

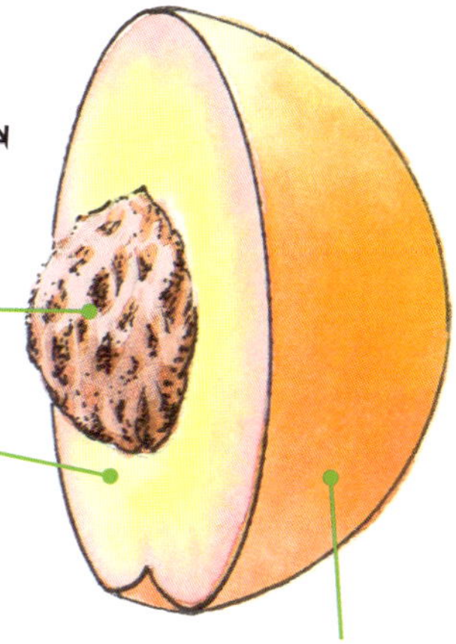

Um den Erdkern befindet sich
der **Erdmantel**.
In ihm herrschen
bis zu 3000 Grad Celsius.

Ganz außen kommt
die feste **Erdkruste**.
Diese Schicht ist sehr dünn.
Auf ihr leben wir.

Manchmal steigt im Erdmantel
Gestein auf.
Es schmilzt und wird zu Magma.
Vulkane gibt es,
weil Magma aus dem Erdmantel
durch die Erdkruste dringt.

Wie entsteht ein Vulkan?

Die Erdkruste besteht aus
mehreren Platten.
Diese schwimmen
auf dem Erdmantel.
Aus der Tiefe
strömt langsam Magma
nach oben.
Es sammelt sich
manchmal jahrelang
in einer Magmakammer.
Von dort steigt es im Schlot
oder an Spalten weiter auf.
Oben angekommen,
heißt Magma dann Lava.
Zerbricht Magma
in kleine Stückchen,
wird daraus Asche.

Leuchtend rotes Magma im Krater

Fließende Lava

Wenn Lava abkühlt,
wird sie zu festem Gestein.
Kalte Lava und alte Asche
bilden den Vulkanberg.
Hier entsteht oft ein Krater.

Stein aus abgekühlter Lava

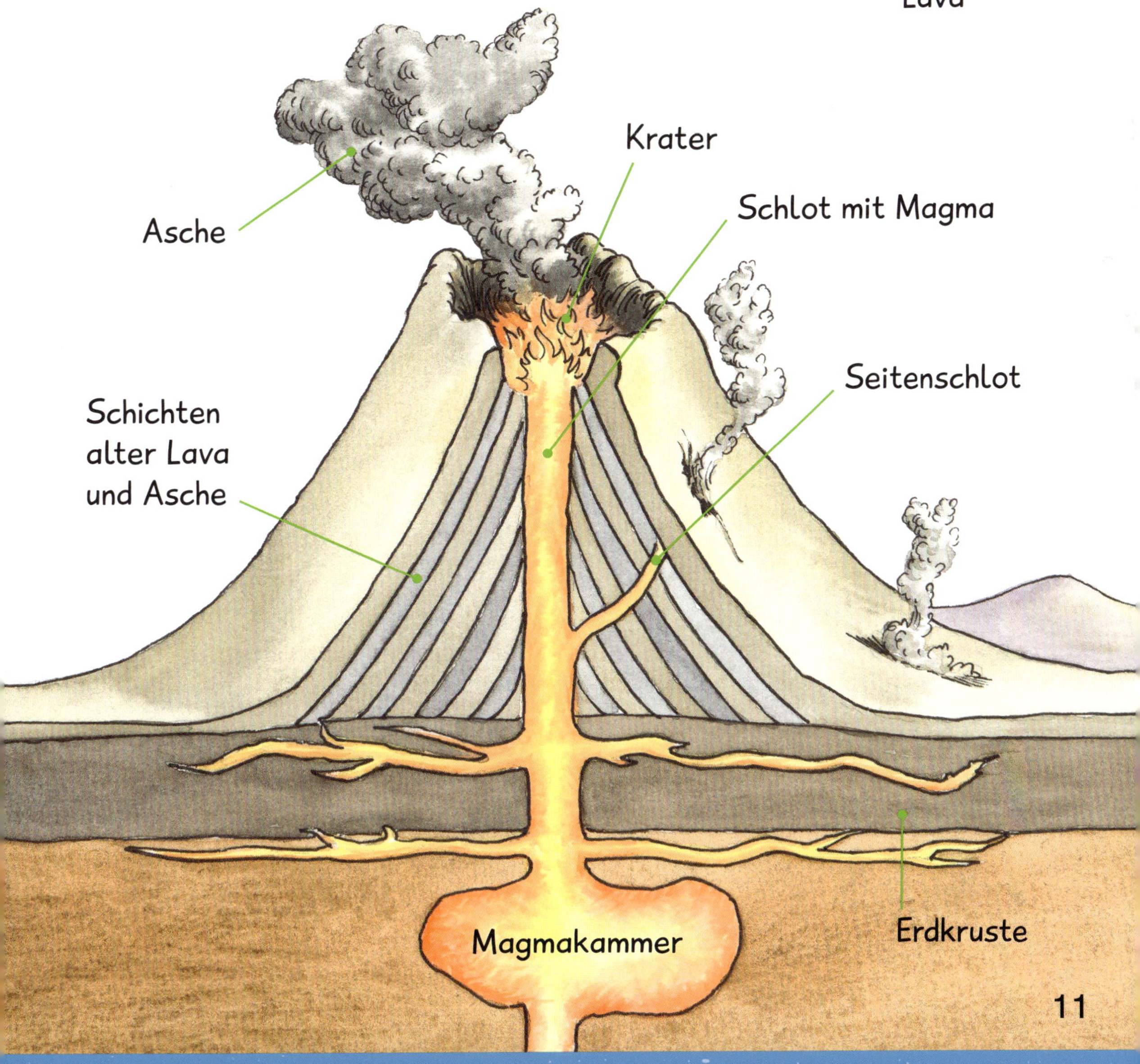

Warum spucken nicht alle Vulkane gleich hoch?

Das feste Gestein der Erdkruste
drückt von oben auf das Magma.
Dieser enorme Druck hält Gase
im Magma fest.
Erst wenn Magma langsam aufsteigt,
können sich kleine Gasblasen bilden.
Diese machen das Magma
leichter und richtig schnell.

Am einfachsten kann es
meist durch den Schlot
entweichen.
Beim explosiven Vulkan
ist der Ausbruch laut und heftig.
Andere Vulkane stehen
unter weniger Druck.
Ihr Ausbruch ist ruhig.
Die Lava fließt einfach heraus.

Ausfließender Vulkanausbruch

Wie unterschiedlich können Vulkane aussehen?

Kein Vulkan gleicht dem anderen.
Es gibt aber bestimmte Arten.
Vier davon siehst du hier:

Ein **Schichtvulkan** hat
einen steilen Kegel
und einen tiefen Krater.
Um seinen Schlot befinden sich
Schichten aus alter Lava und Asche.

Schichtvulkan

Fuji, Japan

Mauna Loa, Hawaii

Schildvulkan

Ein **Schildvulkan** ist
leicht gewölbt, fast flach, und breit.
Er erinnert an einen Ritterschild.

Am häufigsten sind **Schlackenkegel**.
Der Vulkan spuckt Lavafetzen.
Man nennt sie Schlacke.
So ein Vulkan wächst schnell.

Entleert sich bei einem Ausbruch
eine große Magmakammer,
stürzt der Vulkan ein.
Es bleibt ein breiter Krater,
die **Caldera**.

Nemrut Dağı, Türkei

Paricutín, Mexiko

Wie schläft ein Vulkan?

Ein Vulkan gilt als aktiv,
wenn er in den letzten 10 000 Jahren
mindestens einmal ausgebrochen ist.
Der Ätna in Italien ist bereits
viel länger aktiv.
Und er bricht bis heute
mehrmals im Jahr aus.

Erloschene Vulkane in Spanien, auf denen Wald wächst

Es gibt auch ruhende Vulkane.
Man sagt: Sie schlafen.
Sie könnten jederzeit
wieder ausbrechen.
In ihrem Krater zischt und
dampft es oftmals.
Manche Vulkane schlafen
seit Tausenden Jahren.
Man nennt sie erloschen.
Wahrscheinlich brechen sie
nicht mehr aus.
Sicher weiß das aber niemand.

Leserätsel

1 In dem Gitter sind sechs Begriffe versteckt. Kreise sie ein.

G	P	E	R	D	K	E	R	N
E	W	J	E	K	C	L	N	E
S	P	X	S	C	H	L	O	T
T	M	O	Q	R	I	W	N	A
E	F	V	L	A	B	S	U	K
I	H	P	A	Z	N	T	M	T
N	U	Y	V	G	S	D	L	I
T	K	R	A	T	E	R	S	V

2 Ergänze die fehlenden Buchstaben.

M	A		M	A	K	A	M		E	R				
	E	S	T	E	I	N	S	B	R		C	K	E	N
D	I	C	K		L	Ü	S	S	I					
S	C	H		C	H	T		U	L	K	A	N		

3 Welches Bild gehört zu welchem Wort?
Schreibe das Wort auf.

ekEdrutrs

heAcs

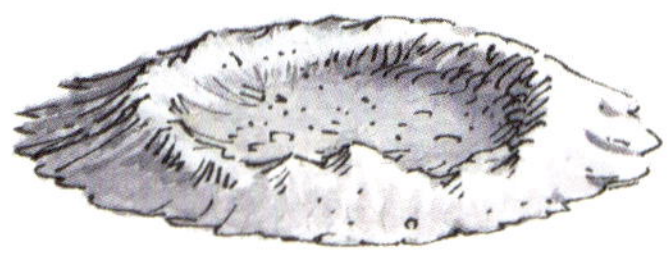

nixlopsEo

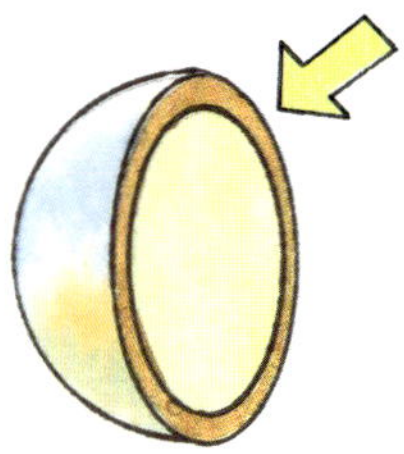

draleaC

Wo gibt es ganz besondere Vulkane?

Woher kommt der Name „Vulkan“?

Ein Vulkanausbruch bedeutet
für Menschen oft Unglück.
Weil Menschen früher
an Götter glaubten, dachten sie:
Ein wütender Gott
wohnt im Berg.

Etwa so haben sich die Menschen den Gott Vulcanus vorgestellt.

Ohne die Insel Vulcano würden heute Vulkane anders heißen.

Sie erzählten einander Geschichten
vom römischen Feuergott Vulcanus.
Er schmiedete Waffen.
Dabei sprühten Funken und
der Berg spuckte Feuer.
Dieser Berg soll sich
auf der italienischen Insel Vulcano
befunden haben.
Davon leitet sich der Name Vulkan ab.

Wie entsteht eine Vulkaninsel?

Die meisten Vulkane befinden sich
am Meeresboden.
Schichten aus schnell erkalteter Lava
türmen dort gewaltige Berge auf.
Manchmal ragen sie sogar
aus dem Wasser und bilden Inseln.
Mit der Zeit werden sie größer.
So sind zum Beispiel
Hawaii und Island entstanden.

Warum qualmt es unter Wasser?

In der Tiefsee gibt es
an manchen Stellen heiße Quellen.
Dort wird das Wasser
von heißem Vulkangestein erwärmt
und sprudelt aus
einer Art Schornstein.
Das sieht aus wie Rauch.
Dabei geben die Schornsteine
Stoffe ans Wasser ab und färben es.
Bei dunklem Wasser spricht man
von Schwarzen Rauchern,
bei milchigem von Weißen Rauchern.

Schwarze und Weiße Raucher liefern Wärme und Nahrung für viele Tiere.

Welche außerirdischen Vulkane gibt es?

Forscherinnen und Forscher haben sogar auf anderen Planeten Vulkane entdeckt.
Der größte Vulkan in unserem Sonnensystem befindet sich auf dem Mars.
Er heißt Olympus Mons.
Er ist 22 Kilometer hoch und 600 Kilometer breit, also mehr als doppelt so hoch wie der Mount Everest.
Auf der Erde würde er fast ganz Deutschland bedecken.

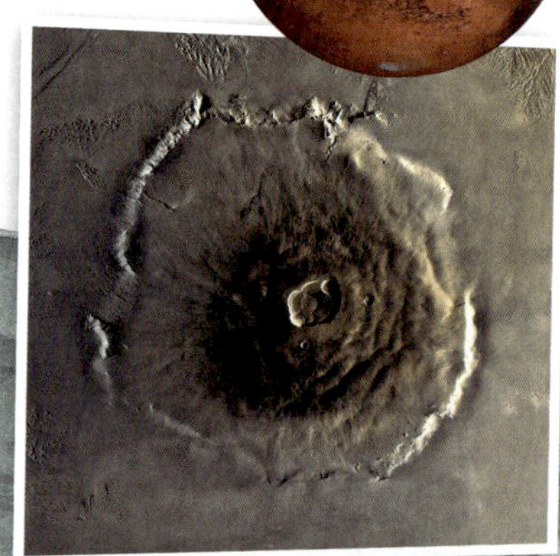

Olympus Mons von oben

Auch auf dem Mond gibt es Vulkane.
Die meisten sind Milliarden Jahre alt
und vermutlich erloschen.
Ihre erstarrte Lava
bildet dunkle Flecken.
Die kannst du von der Erde aus
mit bloßem Auge sehen.
Auf der Venus
gibt es Schildvulkane.
Der höchste ist
der Maat Mons.

Venus

Der Maat Mons ist mit
5000 Metern
etwa so hoch wie der
Mont Blanc.
Das ist der höchste Berg
in den Alpen.

Die meisten Mondkrater
stammen von Meteoriten.
Das sind große Brocken
aus Gesteinen oder Metallen,
die durchs Weltall fliegen.

Wofür ist der Vesuv bekannt?

Die Städte Pompeji und Herculaneum
befanden sich in der Nähe
vom Vesuv in Italien.
Ihre Bewohner wussten es nicht:
Der Vesuv ist ein schlafender,
aber aktiver Vulkan.
Nach 300 Jahren Ruhe kam es plötzlich
zu einem explosiven Ausbruch.
Die Menschen flüchteten.

Aber Asche, Gas, Lava
und Schlamm waren schneller.
Sie deckten alles zu.
Hunderte Jahre später
wurden die verschütteten Städte
unter vielen Metern Asche gefunden.
Vieles war noch gut erhalten.
Forscher und Urlauber aus aller Welt
kommen zu den Ausgrabungen.
Sie wollen wissen,
wie die Menschen damals lebten.

Forscher finden spannende Dinge,
zum Beispiel versteinertes Brot
und diesen Karren.

Die Ausgrabungen
dauern bis heute.

Asche kann die Triebwerke eines Flugzeugs beschädigen. Das Flugzeug könnte dann abstürzen.

Welcher Vulkan stoppte Flugzeuge?

Manche Vulkane spucken
bei einem Ausbruch sehr feine Asche.
Einer von ihnen hat
einen schwierigen Namen:
Eyjafjallajökull.
Er befindet sich auf Island
unter einem Gletscher.
Durch die heiße Lava
schmolz 2010 der Gletscher.
Das Schmelzwasser traf auf
1200 Grad Celsius heiße Lava.
Das Wasser verdampfte.
Dabei zerriss die Oberfläche der Lava
in kleinste Teile.

Diese Teilchen bildeten
eine gewaltige Aschewolke.
Weil der Wind die Aschewolke
nach Europa blies,
durfte dort tagelang
kein Flugzeug fliegen.

Leserätsel

1 Findest du den richtigen Weg?
Verbinde die Buchstaben der Reihe nach.
Schreibe die Lösung auf.

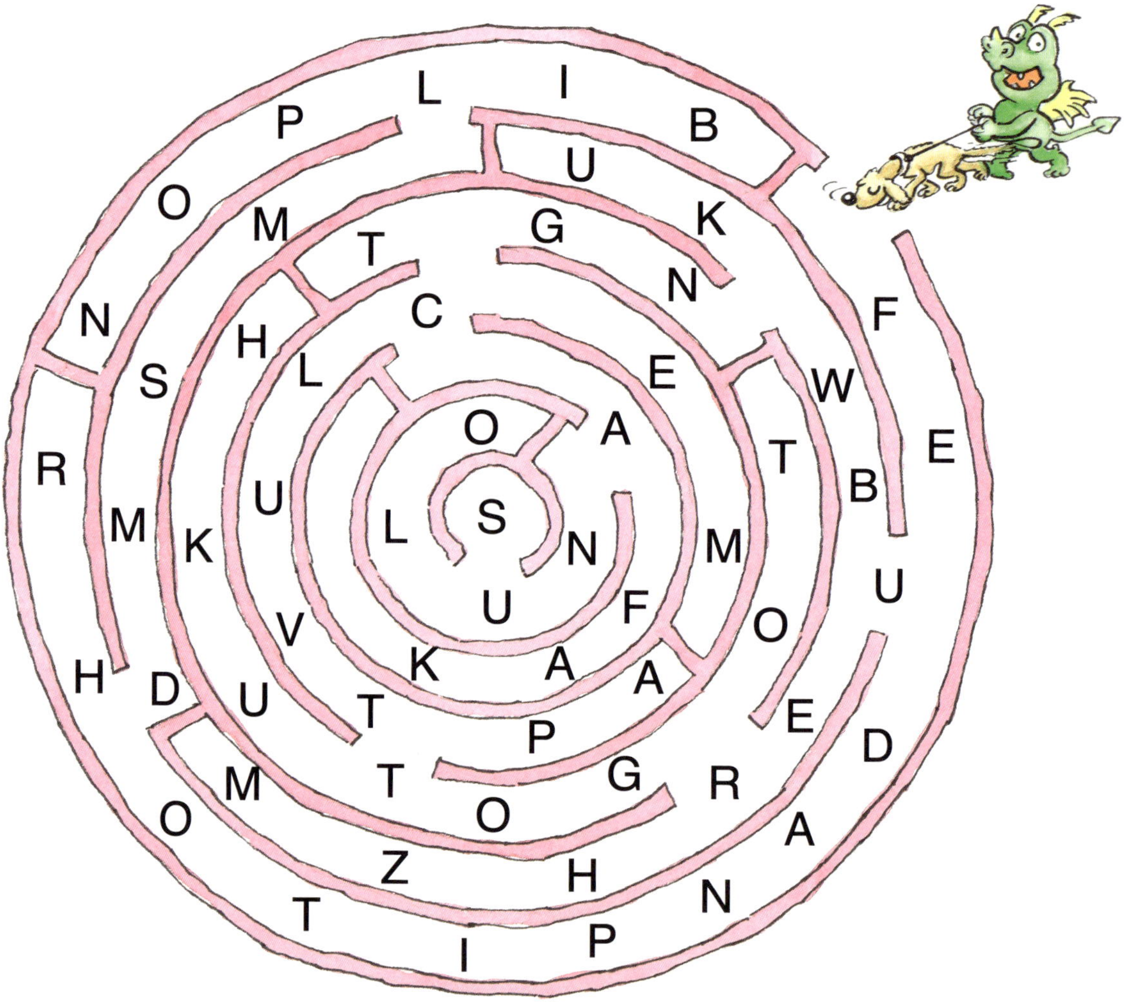

2 Die Sätze beschreiben einen besonderen Vulkanausbruch. Welche Reihenfolge stimmt? Schreibe die Zahlen in die Kreise.

- ◯ Die Flugzeuge fliegen nicht.
- ◯ Der Vulkan bricht aus.
- ◯ Magma steigt auf.
- ◯ Der Gletscher schmilzt.
- ◯ Die Aschewolke steigt auf.

3 Welche Wörter sind gesucht? Verbinde die Silben mit Linien.

In	ser	aus	
Asche	kan	ke	bruch
Was	wol	dampf	
Vul	sel		

Island zum Stickern

Auf Island gibt es
viele Vulkane und Geysire.

Hier spuckt
der Geysir
Wasser.

Unter
dem Schlamm
brodelt
ein Geysir.

Der Urlauber
macht Fotos
vom Geysir.

Hier fehlt der Vulkankrater.

Islandpferde sind klein und kräftig.

Der Islandhund passt auf die Herde auf.

Das Schaf will zu seiner Herde.

Wie leben Menschen mit Vulkanen?

Was machen Vulkane mit Wasser?

Was unter der Erde vorgeht,
bringt uns zum Staunen.
In der Tiefe erwärmt Magma
auch Wasser.
Bei einer heißen Quelle
dringt es an die Oberfläche,
wo es ein Becken füllt.
Bei einem Geysir sammelt sich
das erhitzte Wasser
unter der Erde.
Dort steht es unter Druck
und beginnt zu kochen.

Japan-Makaken wärmen sich im kalten Winter in heißen Quellen auf.

Menschen staunen über Geysire. Auf dieses Naturschauspiel warten sie manchmal stundenlang.

Blasen aus Wasserdampf und Gasen
bilden sich.
Wenn diese Blasen aufsteigen,
schieben sie Wasser vor sich her.
An der Erdoberfläche entsteht
dadurch eine beeindruckende Fontäne.
Aus einem unterirdischen Hohlraum
strömt Wasser nach.
Das Wasser erhitzt sich wieder,
bis erneut Blasen entstehen.
Es spritzt eine neue Fontäne
in die Höhe.

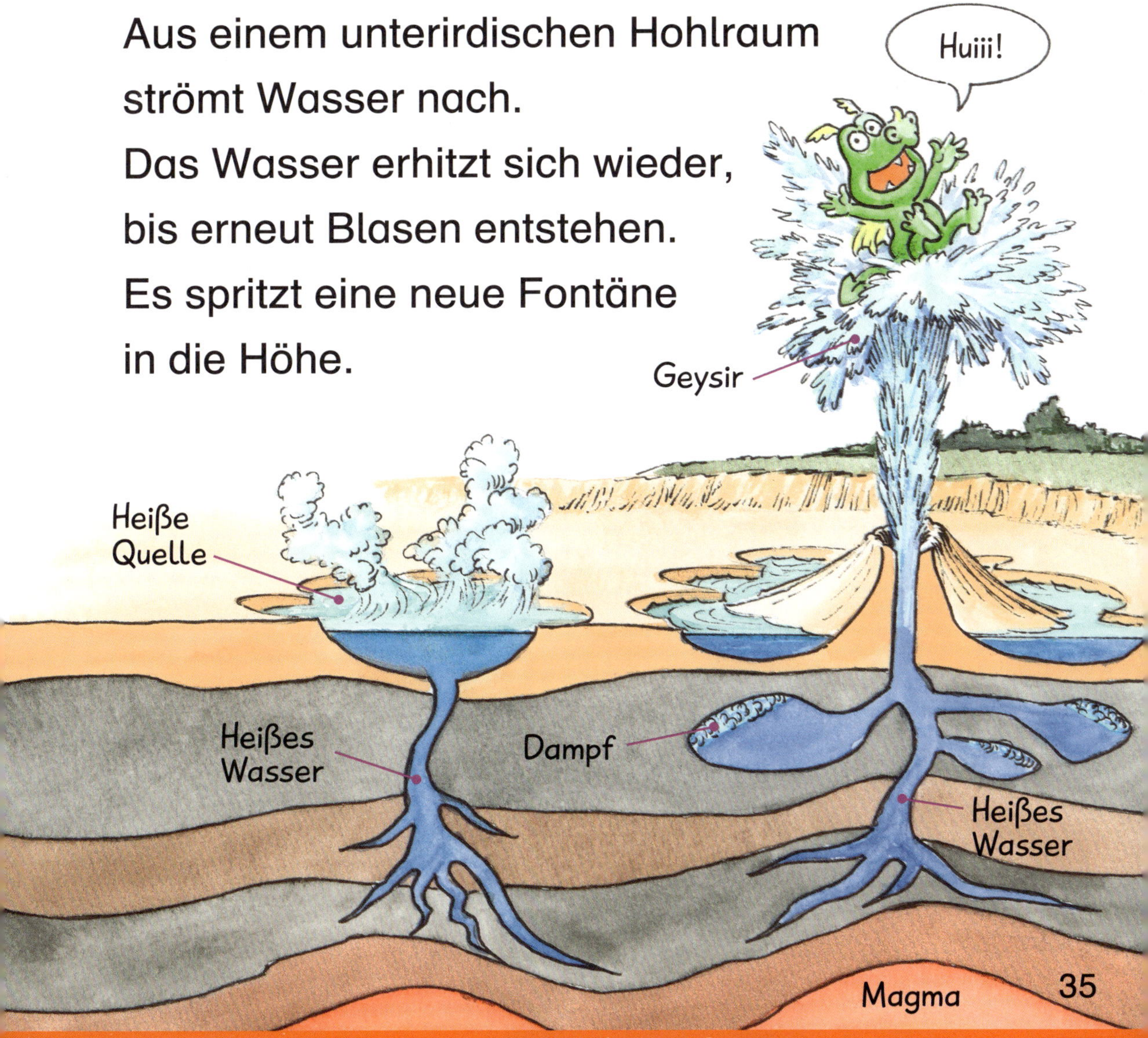

Wie nutzen Menschen Vulkane?

Vulkane sind nicht nur gefährlich,
sondern auch nützlich.
Heiße Quellen in ihrer Nähe
können Häuser wärmen.
Ihr Wasser fließt durch die Heizungen
und gibt seine Wärme dabei ab.
Auf Island sind sogar unter Straßen
Heizungsrohre verlegt:
So bildet sich dank der Vulkane
darauf kein rutschiges Eis.

Erdwärme bringt Vorteile für Menschen: In solchen Kraftwerken wird mit Erdwärme Strom erzeugt.

In manchen heißen Quellen kann man baden.

Heißes Magma sorgt für Erdwärme.
Mit ihr kann man Strom erzeugen:
Die Erdwärme erhitzt Wasser.
Dabei entsteht Wasserdampf,
der eine Turbine antreibt.
Die Turbine dreht sich und
erzeugt so Strom.

Fruchtbare Ascheböden sorgen für eine reiche Ernte, wie hier auf der Insel Lanzarote.

Wer kann einen Vulkanausbruch vorhersagen?

Vulkan-Forscherinnen und -Forscher nennt man Vulkanologen.
Sie untersuchen aktive und erloschene Vulkane, um sie besser zu verstehen.
Dafür nehmen sie Proben von Gestein und Gasen.

Forschen aus sicherer Entfernung: mit Drohnen und Satelliten

Sie messen Temperaturen und prüfen,
ob die Erde sich wölbt.
Ihre Messgeräte bemerken
schon kleinste Erdbeben,
die sich vor einem Ausbruch häufen.
So versuchen Vulkanologen
Ausbrüche vorherzusagen.
Biologen beobachten auch Tiere.
Viele Tiere verhalten sich
vor einem Ausbruch
ungewöhnlich.
Spüren sie,
dass es im Vulkan brodelt?

Ziegen am Ätna in Italien werden erforscht: Können sie wirklich einen Ausbruch erahnen?

Welche Schätze stecken in Vulkanen?

In über 100 Kilometern Tiefe
herrscht hoher Druck.
Dort werden bei extremer Hitze
aus Kohlenstoff Diamanten.
Mit Magma strömen
einige der Edelsteine nach oben
und setzen sich
in bestimmten Vulkanschloten ab.
Nur mit großem Aufwand
kann man sie abbauen.

Nichts ist härter als ein Diamant.

Regen löst Edelsteine
und Metalle
aus dem Gestein.
In Flüssen und im Meer
kann man nach ihnen suchen.

Rubin

Deshalb sind sie sehr wertvoll.
Etwas häufiger bringen Vulkane
Edelsteine wie Rubin und Achat
nach oben.
Lavagestein kann auch
Edelmetalle enthalten,
zum Beispiel Kupfer,
Silber und Gold.

Achat

Gold in Vulkangestein

Welche Vulkane gibt es bei uns?

Sogar in Deutschland gibt es Vulkane.
Sie gelten als schlafend,
aber nicht als erloschen,
auch wenn ihr Schlaf
mal etwas länger dauert.
Zum letzten großen Ausbruch kam es
vor fast 11 000 Jahren
in der Steinzeit.
Besonders explosiv war der Ausbruch
am Laacher See vor 13 000 Jahren.
Ob und wann der Vulkan
noch mal ausbricht,
können Vulkanologen nicht sicher sagen.

Am Laacher See steigen Gasblasen auf. Das sind Anzeichen eines aktiven Vulkans.

Die Eifel ist bekannt für ihre
vielen Schlackenkegel
und Maare.
Diese Mulden stammen
von Vulkanen und
sind oft mit Regenwasser
gefüllt.
In der Steiermark in Österreich
waren vor Millionen Jahren
Vulkane aktiv.
In der Schweiz sind
alle Vulkane erloschen.

Maar in der Eifel

Sanfte Vulkanhügel
in der Steiermark

Leserätsel

1 Goldader voller Schätze:
Umkreise die sieben Wörter.
Schreibe sie auf die Linien.

M K L J D E K U P F E R N C E J K A

D I A M A N T L K C A C H A T M N L

P S I L B E R Y A X Q W G O L D E F

N A R W T A K O H L E N S T O F F S

D F R U B I N G A X T U Q R S O V F

2 Was siehst du auf dem Bild?
Umkreise die Buchstaben
der richtigen Sätze.

Ein Pony frisst Gras.	AF
Drei Affen baden.	MA
Das Wasser ist kalt.	NU
Menschen fotografieren die Affen.	KA
Dampf steigt auf.	KEN
Es regnet.	FEN

Alle umkreisten Buchstaben ergeben:

____

Welche Vulkane stellen Rekorde auf?

Wie hoch ist der höchste Vulkan?

Der allerhöchste Vulkan ist der Ojos del Salado in Chile. Er ist 6893 Meter hoch und ein ruhender Vulkan. Der Schichtvulkan liegt in der Atacama-Wüste.

Ojos del Salado

Ein anderer Rekord-Vulkan befindet sich auf Hawaii. Der Schildvulkan heißt Mauna Kea. Sein Gipfel ragt 4205 Meter hoch aus dem Meer.

Mauna Kea

4205 Meter über dem Meeresspiegel
5998 Meter unter dem Meeresspiegel

Sein Fuß ist unter Wasser
in fast 6000 Metern Tiefe.
Insgesamt kommt er also
auf über 10 200 Meter.
So gesehen überragt er
sogar den Mount Everest,
den höchsten Berg über der Erde.

8849 Meter über dem Meeresspiegel

Der Mount Everest
ist kein Vulkan.

Wo drängen sich Vulkane dicht an dicht?

Es gibt unzählige erloschene
und rund 1500 aktive Vulkane.
Jedes Jahr kommt es
zu etwa 60 Vulkanausbrüchen.
Fast alle aktiven Vulkane liegen
an der Grenze von zwei Platten.
Die meisten gehören
zum Pazifischen Feuerring.
Manche befinden sich aber inmitten
der Platten über einem Hotspot
(englisch für heißer Fleck).

Das Land mit den meisten aktiven Vulkanen: Indonesien. Es besteht aus vielen Inseln.

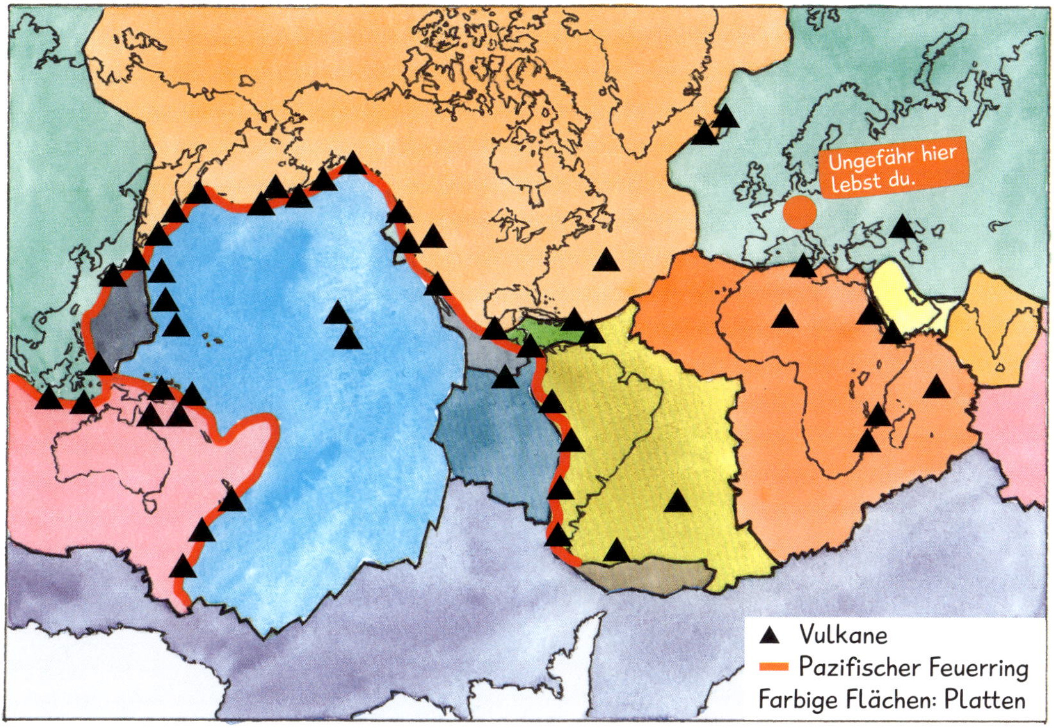

Der Pazifische Feuerring befindet sich zwischen Amerika und Asien.

An einem Hotspot entsteht
über lange Zeit viel Magma.
Der Hotspot bleibt immer
an derselben Stelle,
aber die Platten über ihm
bewegen sich.
Dadurch entstehen ganze Vulkanreihen,
zum Beispiel die Inselketten
von Hawaii und den Kanaren.

Wie groß ist die größte Vulkaninsel?

Die größte Vulkaninsel ist Island.
Auf ihr gibt es viele Vulkane,
heiße Quellen und Geysire.
Sie alle befinden sich
in der Vulkanzone.
Diese zieht sich wie ein Band
quer durch die Insel.

Etwa alle 10 Minuten
bricht der Geysir Strokkur aus.
Er wird bis zu 35 Meter hoch.

Entlang der Vulkanzone
kommt neues Magma nach oben
und die Insel dehnt sich.
Deshalb wächst Island
jedes Jahr um 2 Zentimeter.

Die heißen Quellen sind oft
über 36 Grad Celsius heiß.
Darin baden Isländer gern.

Vulkanzone in Island

Welcher Vulkanausbruch war am schlimmsten?

Vulkanologen messen
die Stärke eines Ausbruchs.
0 ist schwach, 8 ist extrem stark.
Bei 7 und 8 beeinflusst
der Ausbruch für lange Zeit
das Klima auf der ganzen Erde.
Ein Beispiel dafür ist der Vulkan Toba.
Er spuckte vermutlich sehr viel Asche,
die den Himmel verdunkelte.

Im Toba-Krater befindet sich heute ein See.
Er ist der größte Kratersee der Erde.

Beim Ausbruch stiegen auch Aerosole,
kleinste Tröpfchen, in den Himmel.
Deshalb wurde es auf der Erde
plötzlich 10 Grad Celsius kälter.
Dadurch starben zahllose Menschen.
Der Nevado del Ruiz
löste eine Schlammlawine aus.
Die war so schnell,
dass sie 5000 Häuser und
22 000 Menschen unter sich begrub.

Vulkane sortiert nach Stärke des Ausbruchs

Stärke	Vulkan
8	Toba, etwa 72 000 vor Christus
7	Tambora, im Jahr 1815
6	Laacher Vulkan, 10 920 vor Christus
5	Vesuv, 79
4	Eyjafjallajökull, 2010
3	Nevado del Ruiz, 1985
2	Galeras, 1992
1, 0	So schwache Ausbrüche gibt es jeden Tag.

Der Galeras ist ziemlich harmlos. Meist werden Menschen rechtzeitig in Sicherheit gebracht.

Was ist ein Supervulkan?

Vulkane mit einer Stärke
von mindestens 8
nennt man Supervulkane.
Sie sind besonders explosiv.
Der bekannteste ist
der Yellowstone in den USA.
Sein letzter Ausbruch war
vor 640 000 Jahren.
Heute sprudeln in seinem Krater
heiße Quellen.

Das Wasser in den heißen Quellen
ist bunt.
Bakterien verfärben es.

Unter ihm liegen derzeit sogar
zwei große Magmakammern.
Darin befindet sich sehr viel Magma.
Es könnte sechzig Mal
den Bodensee füllen.
Vulkanologen vermuten,
dass es nur sehr selten zum Ausbruch
eines Supervulkans kommt.
Im Moment ruhen
alle bekannten Supervulkane.

In Neuseeland war
vor 26 000 Jahren
der letzte Ausbruch
eines Supervulkans.
Sein Krater ist nun ein See.

Italiens Supervulkan
ist das letzte Mal
vor 39 000 Jahren
ausgebrochen.
Seine Caldera dampft
bis heute.

Leserätsel

1 Löse das Kreuzworträtsel.

1. Was kann aus einem Unterwasservulkan werden?
2. Vervollständige: Pazifischer …
3. englisches Wort für „heißer Fleck“
4. größte Vulkaninsel der Erde
5. extrem starker Vulkan

2 Wie viele Silben haben die Wörter?
Trage die Anzahl ein.

Meer

Erdteile

Island

Supervulkan

3 Wo fehlen diese Buchstaben?
Trage sie an der richtigen Stelle ein.

G	I			E	L							
W	A			E	R							
M	A		M	A								
E		T	R	E	M							
A				E								
M			R	E	S	S	P			G	E	L

IE SCH X EE SS G PF

Lesequiz

1 Was ist ein Vulkan?

a) eine Öffnung in der Erdoberfläche

b) heißes Gestein

c) ein schwarzer Berg

2 Wie heißt die äußerste Schicht der Erde?

a) Erdkruste

b) Erdmantel

c) Erdkern

3 Welche ist die größte Vulkaninsel?

a) Mauna Kea

b) Island

c) Kapverden

4 Wer war Vulcanus?

a) der letzte Supervulkan

b) der römische Feuergott

c) der erste Vulkanologe

5 Welche heiße Quelle steht unter Druck?

a) jede heiße Quelle

b) jede heiße Quelle in Island

c) ein Geysir

6 Biologen glauben, dass Tiere ...

a) einen Vulkanausbruch erahnen können.

b) jeden Vulkanausbruch überleben.

c) Vulkanausbrüche verursachen.

7 Was ist gemeint, wenn ein Vulkan schläft?

a) Er ist gerade nicht aktiv.

b) Er schnarcht Asche.

c) Magma fließt in ihm nur langsam.

Lösungen

Seite 18/19

1

G	P	E	R	D	K	E	R	N
E	W	J	E	K	C	L	N	E
S	P	X	S	C	H	L	O	T
T	M	O	Q	R	I	W	N	A
E	F	V	L	A	B	S	U	K
I	H	P	A	Z	N	T	M	T
N	U	Y	V	G	S	D	L	I
T	K	R	A	T	E	R	S	V

2

M A G M A K A M M E R

G E S T E I N S B R O C K E N

D I C K F L Ü S S I G

S C H I C H T V U L K A N

3

Erdkruste 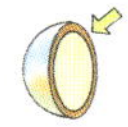

Asche 

Explosion 

Caldera 

Seite 30/31

1

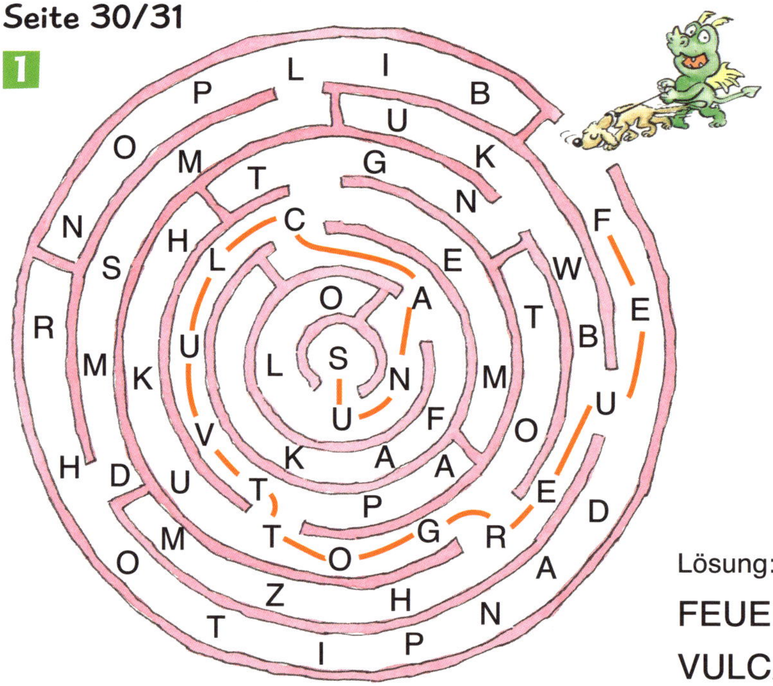

Lösung:

FEUERGOTT VULCANUS

2

5 Die Flugzeuge fliegen nicht.

3 Der Vulkan bricht aus.

1 Magma steigt auf.

2 Der Gletscher schmilzt.

4 Die Aschewolke steigt auf.

3 Insel

Aschewolke

Wasserdampf

Vulkanausbruch

Seite 32/33

Seite 44/45

1

M K L J D E (K U P F E R) N C E J K A

(D I A M A N T) L K C (A C H A T) M N L

P (S I L B E R) Y A X Q W (G O L D) E F

N A R W T A (K O H L E N S T O F F) S

D F (R U B I N) G A X T U Q R S O V F

2 MAKAKEN

Seite 56/57

1

			5								
			S								
2 ›	F	E	U	E	R	R	I	N	G		
			P								
			E		4				3		
			R		I				H		
			V		S				O		
			U		L				T		
1 ›	V	U	L	K	A	N	I	N	S	E	L
			K		N				P		
			A		D				O		
			N						T		

2 Meer: 1

Erdteile: 3

Island: 2

Supervulkan: 4

3

G I P F E L

W A S S E R

M A G M A

E X T R E M

A S C H E

M E E R E S S P I E G E L

Seite 58/59

1 a)

2 a)

3 b)

4 b)

5 c)

6 a)

7 a)